I0803997

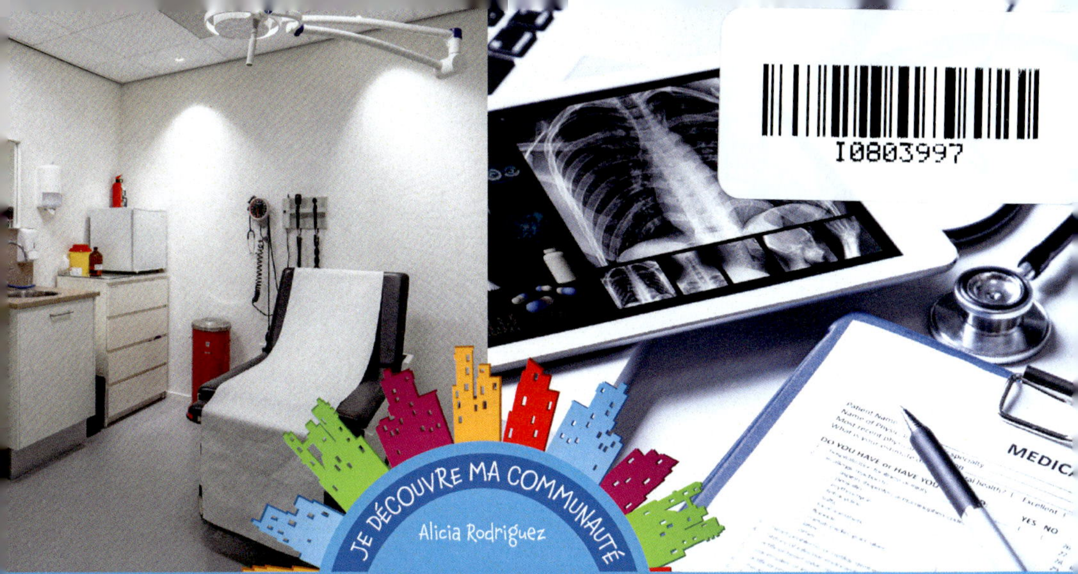

JE DÉCOUVRE MA COMMUNAUTÉ

Alicia Rodriguez

LE CABINET DU MÉDECIN

Un livre de la collection Les racines de Crabtree

CRABTREE
Publishing Company
www.crabtreebooks.com

Soutien de l'école à la maison pour les parents, les gardiens et les enseignants

Ce livre aide les enfants à se développer grâce à la pratique de la lecture. Voici quelques exemples de questions pour aider le lecteur ou la lectrice à développer ses capacités de compréhension. Les suggestions de réponses sont indiquées en rouge.

Avant la lecture

- De quoi ce livre parle-t-il?
    - *Je pense que ce livre explique à quoi ressemble un cabinet de médecin.*
    - *Je pense que ce livre parle d'un cabinet de médecin.*

- Qu'est-ce que je veux apprendre sur ce sujet?
    - *Je veux apprendre ce que je peux voir dans un cabinet de médecin.*
    - *Je veux savoir de quelle taille est un cabinet de médecin.*

Pendant la lecture

- Je me demande pourquoi...
    - *Je me demande pourquoi les infirmiers vérifient mon poids et ma grandeur.*
    - *Je me demande pourquoi le médecin écoute mon cœur.*

- Qu'est-ce que j'ai appris jusqu'à présent?
    - *J'ai appris que les médecins peuvent faire des vaccins aux gens.*
    - *J'ai appris que le médecin peut m'aider à rester en santé.*

Après la lecture

- Nomme quelques détails que tu as retenus.
    - *J'ai appris que les médecins et les infirmières travaillent dans les cabinets de médecin.*
    - *J'ai appris que les médecins aident les gens quand ils sont malades ou blessés.*

- Lis le livre à nouveau et cherche les mots de vocabulaire.
    - *Je vois le mot **cœur** à la page 8 et le mot **vacciner** à la page 10. Les autres mots de vocabulaire se trouvent à la page 14.*

Il est temps d'aller faire mon bilan de santé au **cabinet du médecin**.

L'**infirmier** vérifie mon poids.

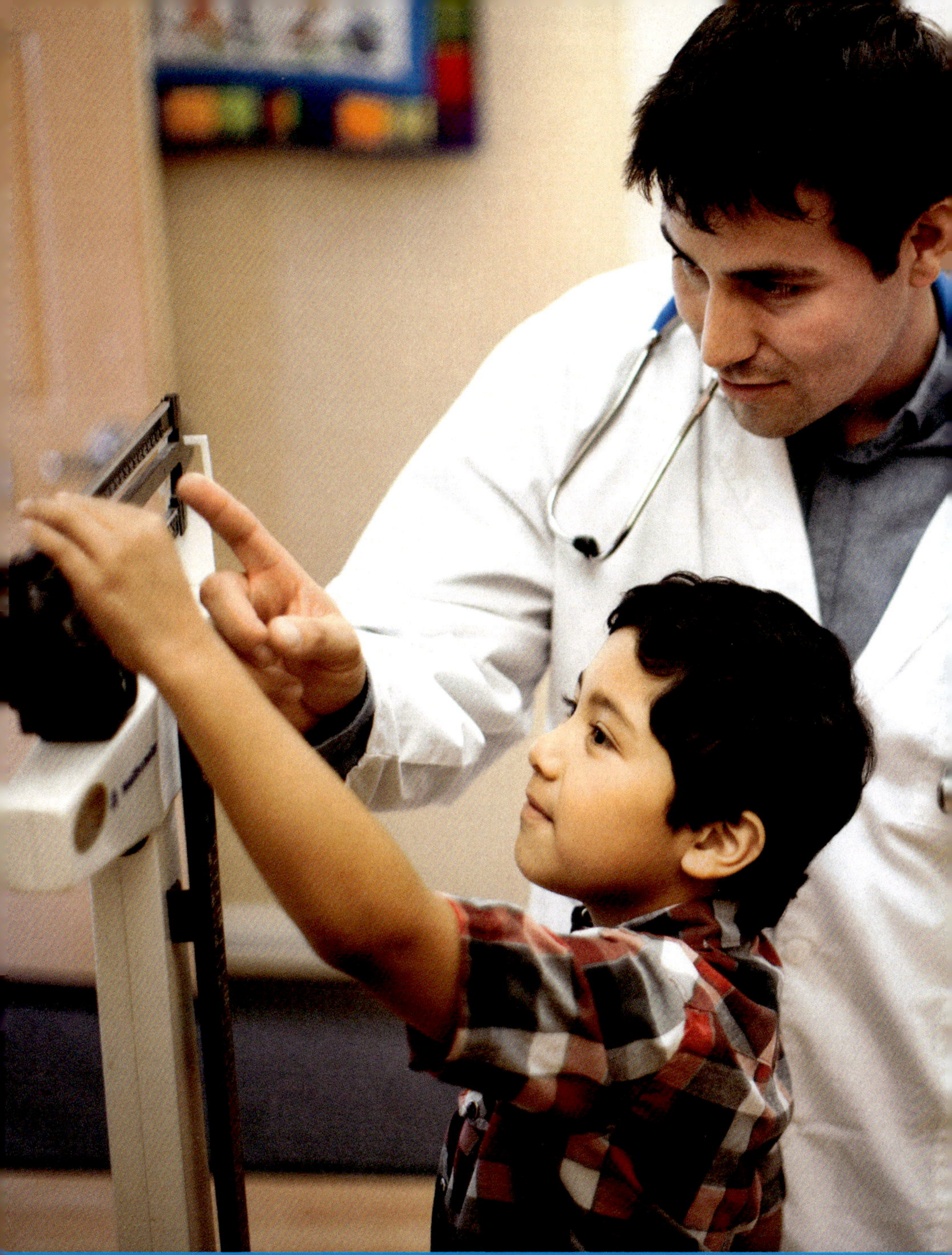

L’infirmière vérifie ma grandeur.

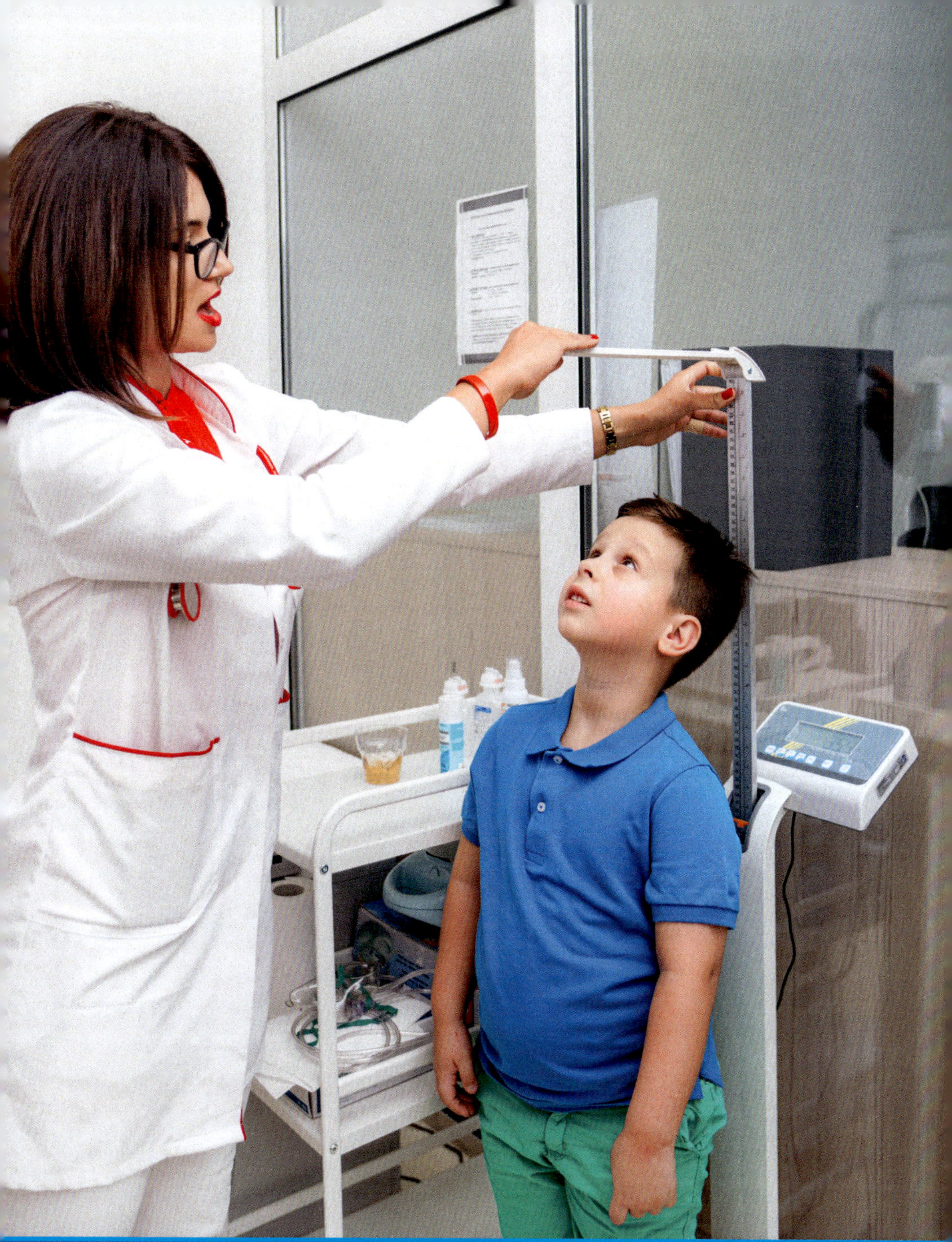

Le médecin écoute mon **cœur**.

La médecin regarde ma **gorge**.

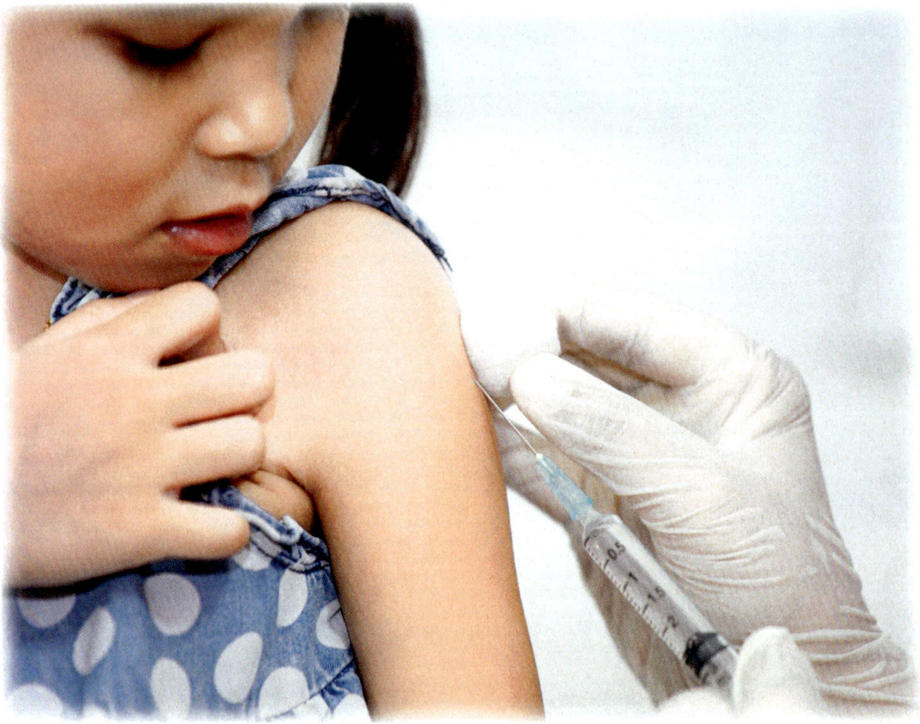

Je suis courageuse quand je me fais **vacciner**.

La médecin me donne un **suçon**.

Le médecin m'aide
à rester en santé.

Liste de mots

Mots courants

aide	le	suis
au	ma	temps
donne	me	un
fais	mon	
je	quand	

La boîte à mots

cabinet du médecin

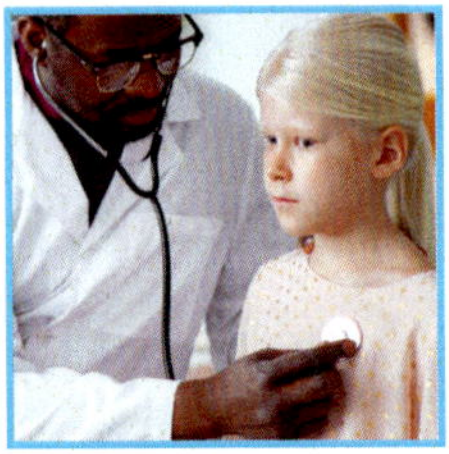

cœur

gorge

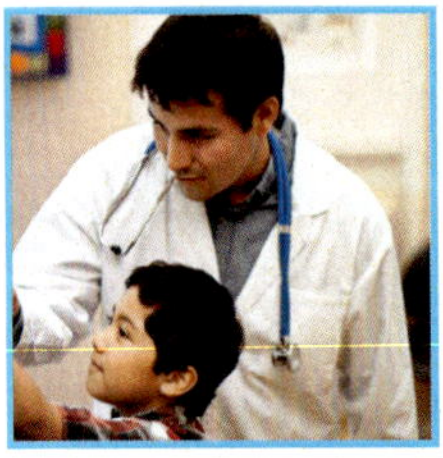

infirmier

suçon

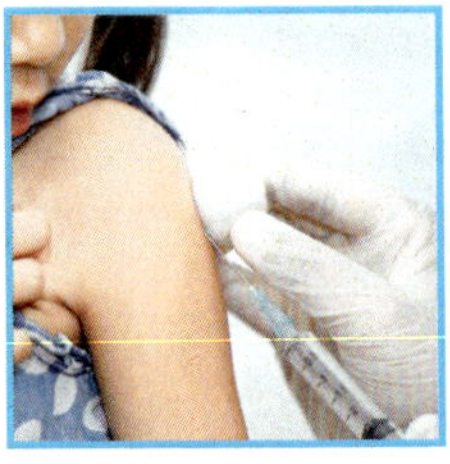

vacciner

52 mots

Il est temps d'aller faire mon bilan de santé au **cabinet du médecin**.

L'**infirmier** vérifie mon poids.

L'infirmière vérifie ma grandeur.

Le médecin écoute mon **cœur**.

La médecin regarde ma **gorge**.

Je suis courageuse quand je me fais **vacciner**.

La médecin me donne un **suçon**.

Le médecin m'aide à rester en santé.

CRABTREE
Publishing Company

Autrice : Alicia Rodriguez
Conception : Rhea Wallace
Développement de la série :
James Earley
Correctrice : Janine Deschenes
Conseils pédagogiques :
Marie Lemke M.Ed.
Traduction : Annie Evearts
Coordinatrice à l'impression :
Katherine Berti
Références photographiques :
Shutterstock: Byonkruud: cover (top left); Metamorworks: cover (top right); Pixelshot: cover (bottom); New Africa: p. 3, 14; Ericksonstock: 5, 14; Gorgev: p. 7; Yakobchuk Viacheslar; p. 8, 14; Andrey_popov; p. 9, 14; A3pfamily: p. 10, 14; Dragon Images: p. 11, 14; Nolte Image: p. 13

JE DÉCOUVRE MA COMMUNAUTÉ

Alicia Rodriguez

LE CABINET DU MÉDECIN

Crabtree Publishing Company

www.crabtreebooks.com 1-800-387-7650

Copyright © 2022 **CRABTREE PUBLISHING COMPANY**

Tous droits réservés. Aucune partie de cette publication ne doit être reproduite ou transmise sous aucune forme ni par aucun moyen, électronique, mécanique, par photocopie, enregistrement ou autrement, ou archivée dans un système de recherche documentaire, sans l'autorisation écrite de Crabtree Publishing Company. Au Canada : Nous reconnaissons l'appui financier du gouvernement du Canada par l'entremise du Fonds du livre du Canada pour nos activités de publication.

Publié aux États-Unis
Crabtree Publishing
347 Fifth Avenue
Suite 1402-145
New York, NY, 10016

Publié au Canada
Crabtree Publishing
616 Welland Ave.
St. Catharines, Ontario
L2M 5V6

Imprimé au Canada/072021/CPC

Catalogage avant publication de Bibliothèque et Archives Canada

Titre: Le cabinet du médecin / Alicia Rodriguez ; texte français d'Annie Evearts.
Autres titres: Doctor's office. Français
Noms: Rodriguez, Alicia, auteur.
Description: Mention de collection: Je découvre ma communauté | Collection Crabtree "Les racines" | Traduction de : Doctor's office.
Identifiants: Canadiana (livre imprimé) 20210256729 | Canadiana (livre numérique) 20210256656 | ISBN 9781039604988 (couverture souple) | ISBN 9781039605046 (HTML) | ISBN 9781039605107 (EPUB) | ISBN 9781039605169 (livre numérique avec narration)
Vedettes-matière: RVM: Enfants—Examens médicaux—Ouvrages pour la jeunesse. | RVM: Cabinets de médecin—Ouvrages pour la jeunesse.
Classification: LCC RJ50.5 .R6314 2022 | CDD j610—dc23